AF141401

Bibliografische Information der Deutschen Nationalbibliothek:

Die Deutsche Bibliothek verzeichnet diese Publikation in der Deutschen National-
bibliografie; detaillierte bibliografische Daten sind im Internet über http://dnb.d-
nb.de/ abrufbar.

Impressum:

Copyright © 2005 GRIN Verlag, Open Publishing GmbH
Druck und Bindung: Books on Demand GmbH, Norderstedt Germany
ISBN: 978-3-638-64626-0

Dieses Buch bei GRIN:

http://www.grin.com/de/e-book/48267/geschichtsschulbuecher-im-unterricht-
zusammenfassung-zum-thema-schulbuchanalyse

Timo Mauelshagen

Geschichtsschulbücher im Unterricht. Zusammenfassung zum Thema Schulbuchanalyse

GRIN Verlag

GRIN - Your knowledge has value

Der GRIN Verlag publiziert seit 1998 wissenschaftliche Arbeiten von Studenten, Hochschullehrern und anderen Akademikern als eBook und gedrucktes Buch. Die Verlagswebsite www.grin.com ist die ideale Plattform zur Veröffentlichung von Hausarbeiten, Abschlussarbeiten, wissenschaftlichen Aufsätzen, Dissertationen und Fachbüchern.

Besuchen Sie uns im Internet:

http://www.grin.com/

http://www.facebook.com/grincom

http://www.twitter.com/grin_com

Universität Hannover   Meerbeck, 14..12.2005
Fachbereich Erziehungswissenschaften
Zentrum für Didaktik der Natur- und Sozialwissenschaften,
Abteilung: Geschichte
Sommersemester 2005

Prüfungsvorbereitung

Skript

„Geschichtsschulbücher im Unterricht"

Vorgelegt durch: Timo Mauelshagen

1

1. Defizite in der Schulbuchanalyse

- Schulbücher sind das wichtigste Medium des Geschichtsunterrichts
- Für die Zulassung von Schulbüchern sind die Kultusministerien zuständig
- Es gibt unterschiedliche Begutachtungs- und Genehmigungsverfahren, in welchen darüber gestritten wird, welche Qualität ein Schulbuch haben muss
- Auch Geschichtswissenschaftler haben ein Interesse an Schulbüchern. Gründe:
  1. Schulgeschichtsbuch gehört zu den wichtigsten Kanälen zum Transport historischer Forschungsergebnisse in die Geschichtskultur der Gegenwart
  2. ein anderer Grund liegt in ihrer Auffassung von der praktischen Bedeutung des von ihnen forschend produzierten Wissens.
  3. Zudem sind sie am Schulbuch interessiert, da auch sie politische und engagierte Zeitgenossen sind, und das Schulbuch auch eben solche politischen Botschaften vermittelt. Geschichtsunterricht ist eine der wichtigsten Instanzen politischer Bildung
- Am meisten am Geschichtsbuch interessiert sind natürlich die Lehrer, wobei dies sehr bei Rüsen noch nicht hinreichend erforscht wurde
- Es herrscht demnach ein weit gespanntes Interesse am Schulgeschichtsbuch
- Dennoch ist es erstaunlich, dass sich die Ansätze nur auf Gestalt, Formen, Inhalte und Funktion des Geschichtsbuchs beziehen, es aber bis auf eine Ausnahme (Bodo von Borries), keinerlei Kriterien zu einer systematischen Schulbuchanalyse gibt, die ihre praktische Brauchbarkeit darlegt, exemplarische Analysen von Schulbüchern vornimmt und Folgerungen für die Praxis der Schulbucherstellung vorgibt.
- Natürlich gibt es aber Schulbuchforschung, diese hat sich aber lange Zeit nur auf eine fachwissenschaftliche Kritik der in den Schulbüchern befindlichen historischen Darstellungen beschränkt. Zu nenne wäre hier das Georg-Eckert-Institut, das vergleichende Schulbuchanalysen vorgenommen hat und damit Erhebliches zur Beseitigung historisch-politischer Vorurteile zwischen Ländern und Nationen beigetragen hat.
- Bei Schulbüchern handelt es sich um eine ganz bestimmte Gattung historischer Texte, deren Eigentümlichkeit durch ihren Gebrauch im schulischen Geschichtsunterricht definiert ist. Dies ist bei den meisten Analysen weitgehend unberücksichtigt geblieben.
- Es bedarf also noch einer gründlichen Erforschung dieser spezifisch didaktischen Aspekte und zwar auf zwei Ebenen.
  1. der theoretischen: auf der es um die Explikation und Begründung von Gesichtspunkten der Analyse geht
  2. der empirischen: wo es darum geht, systematisch geordnetes Wissen darüber zu erarbeiten, welche Gestaltungsmöglichkeiten von Schulbüchern es gibt.
- Ein noch viel schwerer wiegendes Defizit der Forschung liegt aber in einem anderen Bereich.
  Es gibt so gut wie keine empirische Untersuchung über den praktischen Gebrauch von Schulbüchern, also über die Rolle, die sie im unterrichtlichen Lernprozess wirklich spielen. Dieses Defizit ist daher so wichtig, weil ohne das Wissen über die Praxis des Schulbuchgebrauchs die gesamte Schulbuchanalyse schlichtweg in der Luft hängt. Nicht einmal das in der Unterrichtspraxis der Lehrer erzeugte und akkumulierte Wissen über Möglichkeiten und Grenzen der unterrichtlichen Verwendung des Schulbuches wird kontinuierlich und systematisch gesammelt und ausgewertet. Zumindest nicht in den zuständigen Disziplinen, der Geschichtswissenschaft und der Geschichtsdidaktik

3

- Der eigentliche Zweck des Geschichtsbuches ist es, historisches Lernen zu ermöglichen, zu initiieren und zu fördern.

2. Drei Ziele des historischen Lernens

- Geschichtsbuch ist wichtigstes Leitmedium des Geschichtsunterrichts
- Es muss also die Frage gestellt werden, was im Geschichtsunterricht erreicht werden soll
- Insofern ist eine Schulbuchanalyse ohne normative Gesichtspunkte des historischen Lernen unmöglich
- Diese Gesichtspunkte bündeln sich beim Geschichtsbewusstsein des Schülers. Geschichtsbewusstsein ist zugleich Ort und Ziel des historischen Lernens. Seine wichtigsten mentalen Operationen lassen sich beschreiben und auch die lebenspraktischen Funktionen lassen sich so ins Auge fassen, dass darüber, was Schüler können sollen, wenn sie erfolgreich historisch gelernt haben, Konsens besteht.
- Geschichtsbewusstsein ist die mentale Tätigkeit der historischen Erinnerung, die Erfahrungen der Vergangenheit deutend so vergegenwärtigt, dass gegenwärtige Lebensverhältnisse verstanden und Zukunftsperspektiven entwickelt werden können.
- Historisches Lernen ist ein Entwicklungsprozess des Geschichtsbewusstseins, in dem Kompetenzen der historischen Erinnerung erworben werden. Es handelt sich um Kompetenzen, die Menschen brauchen, um Geschichte zu rezipieren und auch zu produzieren, dass sie ihre eigene Lebenspraxis mit der Vorstellung einer zeitlichen Ordnung, eines inneren Zusammenhangs zwischen Vergangenheit, Gegenwart und Zukunft handelnd und leidend vollziehen können.
- Narrative Kompetenz; besteht darin, dass man die Vergangenheit so deuten und erzählend vergegenwärtigen kann, dass die Gegenwart verständlich wird und die eigene Lebenspraxis eine tragfähige Zukunftsperspektive erhält.

3. Gesichtspunkte der unterrichtspraktischen Brauchbarkeit

- Vier Merkmale, die ein gutes Schulbuch auszeichnen
  1. formal klarer Aufbau
  2. deutliche Didaktische Strukturierung
  3. wirksamer Schülerbezug
  4. praktische Unterrichtsbezug
- Zu 1. Formal klarer Aufbau
  - rein äußere Form entscheidet wesentlich mit über die Rezeptionsfähigkeit der im Schulbuch präsentierten Materialien (Autorentext, Text- Bildquellen, Karten)
  - dazu gehört ein klares und einfaches Layout, eine übersichtliche Anordnung und Gliederung aller Materialien, Orientierungsformen im Sinne eines Inhaltsverzeichnisses, Überschriften und Querverzeichnisse, einfaches Stichwortverzeichnis und Glossar mit Erklärungen der wichtigsten Begriffe und Namen, sowie ein Literaturverzeichnis zum weiterführenden Lesen
- Zu 2. Didaktische Strukturierung
  - Aufbau und Strukturierung der Materialien müssen didaktischen Intentionen, der

zugrunde liegende Gliederungsplan, inhaltliche Schwerpunktbildung und unterrichtsmethodische Konzeptionen auch für die Schüler erkennbar sein

- Zu 3. Schülerbezug
  - gesamte Anlage muss den Lernvoraussetzungen der Schüler gerecht werden
  - Verständnismöglichkeiten ansprechen, was insbesondere für die Sprache gilt. Denn häufig ist von einer sprachlichen Überforderung der Schüler auszugehen. Durch einen starken Wissenschaftsbezug und eine einseitige Ausrichtung auf die kognitive Seite des Geschichtsbewusstseins und des historischen Lernens ist es zu einer kognitiven Überfrachtung der Schulbuchtexte gekommen.
  - In Konkurrenz der verschiedenen Medien scheinen Leselust und Lesefähigkeit abzunehmen
  - Ausrichtung der präsentierten Materialien auf den Erfahrungs- und Erwartungshorizont der Schüler, insbesondere auf generationsspezifische Einschätzungen eigener Lebenschancen, dominierende Alltagserfahrungen, wie sie in der Lebenswelt der Schüler, die Arbeitssituation der Schule und der sich immer wiederholende Generationskonflikt darstellen.
  Dies muss sicher relativiert werden, da es Gesamtgesellschaftliche Orientierungsbedürfnisse gibt, die nur gebrochen oder teilweise in diesen Horizont eingehen, die aber für den Kompetenzerwerb eines Geschichtsbewusstseins notwendig sind.
  Die Frage ob bestimmte Inhalte ins Schulbuch gehören oder nicht, entscheidet sich letztlich daran, ob und wie sie zum Verständnis der Gegenwart und zu den Lebenschancen der Kinder beitragen
  - Nicht vergessen werden sollte bei der Ansprache der Lernenden, dass historische Erfahrungen ein eigenes Faszinationspotential haben, das als Lernchance genutzt werden kann. Die Fremdheit und Andersartigkeit vergangener Lebensumstände kann so präsentiert werden, dass Interesse und Neugier geweckt werden. Gerade in den ersten Jahren des GU sind historische Differenz- und Alteritätserfahrungen in hohem Maße faszinierbar und lernmotivierend
  - Probates Mittel des Schülerbezugs ist die explizite Ansprache. Mit ihr lässt sich die Themenauswahl begründen, eine gewählte Interpretationsperspektive erläutern und wenn sie inhaltsnah erfolgt, dann nimmt sie den Lernenden genau dort ernst, wo es um die Sache geht.
- Zu 4. Unterrichtsbezug
  - Brauchbar ist ein Schulbuch dann, wenn mit ihm im Unterricht praktisch gearbeitet werden kann.
  - Arbeitscharakter ist also unverzichtbar
  - Ein Schulbuch, dass nur eine historische Darstellung enthält ist völlig ungeeignet. Es suggeriert als Lernprozess die bloße Rezeption von Wissensvorräten und vernachlässigt die aktive, produktive Seite.
  - es gibt unterschiedliche Möglichkeiten ein Schulbuch als Arbeitsbuch zu gestalten
  *Es kann so auf den Unterricht bezogen sein, dass seine Darstellungsform durch ein Gliederungsprinzip nach Unterrichtseinheiten geprägt wird.
  *Es kann Elemente des Autorentextes zugunsten der Präsentation von Quellenmaterial und Interpretationsanregungen zurücktreten lassen, so dass die Schüler mit dem gebotenen Material eine eigene Darstellung erarbeiten müssen.
  *Es kann aber auch den Darstellungsteil so ausgestalten, dass eine nachvollziehbare historische Deutung gegeben ist. Allerdings müssen neben die Darstellung Materialien treten, die mehr sind als bloße Illustration und Bestätigung der Darstellung.
  - Grundsätzlich muss das Schulbuch die Möglichkeit eröffnen, die angebotenen Deutungen zu überprüfen und eigene Deutungen sachgerecht zu erarbeiten oder aber

aus dem Quellenteil historische Zusammenhänge durch selbstständige Interpretation zu erstellen.

- Ein unterrichtsmethodisch hochwillkommenes Mittel zur Anregung selbstständigen Lernens sind Arbeitsaufträge, die sich an Darstellungen und Quellen anschließen. In ihnen wird daher der Unterrichtsbezug unmittelbar greifbar. Auch sie müssen daher eine Reihe von Bedingungen erfüllen:
  * sie müssen klar und präzise sein
  * in sich stimmig
  * das Material erschöpfen
  * erkennbare didaktisch und methodische Funktion haben
  * unterschiedliche Anforderungen und Lernzielebenen berücksichtigen
  * methodische und pragmatische Fähigkeiten einüben
  * Einsichten in Zusammenhänge und hist. Ordnungskategorien anregen
  * sie sollten Suggestivfragen und bloße Entscheidungsfragen meiden

Brauchbarkeit zur historischen Wahrnehmung
- Muss den fachlichen Standards der Geschichtswissenschaft entsprechen
- An und mit ihm müssen methodische Fähigkeiten geübt werden
- Prozesshaftigkeit und Perspektive eingesehen werden
- Sprachlichen Bedingungen

Fachliche Standards
- Das es den fachlichen Standard entsprechen soll, darf nicht heißen, dass es diese einfach nur wiederzugeben hat
- Es darf keine sachlichen Fehler enthalten
- Es darf keine historischen Interpretationen präsentieren, die dem wiss. Erkenntnisstand widersprechen
- Schulbuch sollte auch in der Zitierweise, Gestaltung von Anmerkungen, Quellennachweisen und Literaturangaben im wesentlichen den Gepflogenheiten der Fachwissenschaft entsprechen,
- Das heißt auch, bei der Präsentation von Quellen Kürzungen, Auslassungen und Bearbeitungen kenntlich zu machen

Methodische Fähigkeiten
- Das Schulbuch muss einen deutenden Umgang mit der historischen Erfahrung nahe legen, der den wichtigsten methodischen Prinzipien des historischen Denkens entspricht
- Es muss die wichtigsten Verfahren des hist. Denkens präsentieren, und zwar so, dass sie praktisch eingeübt werde können
- Entwicklung von Fragestellungen
- Bildung von Hypothesen
- Erschließung und Analyse des Materials
- Kritische Anwendung von übergreifenden Kategorien und Deutungsmustern
- Es muss nachvollziehbare und überprüfbare Erklärungen bieten, darf also nicht bei bloßen Tatsachenbehauptungen stehen bleiben
- Muss monokausale Argumentation vermeiden und die prinzipielle Offenheit der historischen Deutung für multikausale Argumentation betonen

6

- Ferner muss es historisches Wissen argumentativ darstellen, also jeden Schein einer dogmatischen Gewissheit und Endgültigkeit vermeiden
- Schließlich müssen die S. auch lernen, welche Möglichkeiten und Grenzen die historische Erkenntnis hat

Prozesscharakter der Geschichte und Multiperspektivität auf der Ebene der Betrachter

- Statische Geschichtsbilder vermeiden und Geschichte als Prozess charakterisieren
- Dies gilt nicht nur für einzelne Abschnitte, in denen der Veränderungsaspekt aufgrund der Kürze oft zu kurz kommt, sondern auch für den Gesamtzusammenhang der Kapitel oder gar Bände

Überzeugungskraft der Darstellungen

- Autorentexte müssen zur Einübung der in ihr dargestellten Gesichtspunkte geeignet sein
- Begrifflichkeit muss nachvollziehbar sein
- Emotionalisierung durch Leerformeln und suggestive Bildsprache vermeiden
- Argumentation muss durchsichtig sein, Zusammenhänge müssen erkennbar sein

Brauchbarkeit zur historischen Orientierung
1. Übergreifenden Perspektive
- nicht nur eine europazentrische oder gar national ausgerichtete Perspektive
- gezielt die Strukturen und Dimension historischer Identität thematisieren

2. Historische Urteilsbildung
- Viele Schulbücher vermeiden Urteilsbildung und bemühen sich um Neutralität
- Damit verwehren sie eine Lernchance
- Denn S. sollen eigene Urteile bilden können, die historisch begründet sind

3. Gegenwartbezüge
- historisches Lernen soll Orientierungskompetenzen erbringen

Schulbuchanalyse, Dietrich Scholle

- ausformulierte Theorie und Methodik der Analyse fehlt bisher
- Rezension als allgemeine Form der Schulbuchanalyse
- Verschiedene Arten der Analyse:
  1. Historische Geschichtsbuchanalyse
  2. Ideologiekritische Schulbuchanalyse
  3. Vergleichende Schulbuchanalyse
  4. Internationale Schulbuchrevision
  5. Spezialuntersuchungen zu einzelnen Aspekten
  6. aber auch die Zulassungsverfahren der Bundesländer sind Teil der Analyse
- Schulbuchanalyse vernachlässigt aber noch den Adressaten und seine Meinung

- Verfahren der Analyse
  1. Historische, fachwiss. Orientierte Längs- u. Querschnittuntersuchungen, int. Schulbuchkritik
  *deskriptiv-analytische Verfahren
  *quanitivizierende Verfahren (Auszählen)
  * Raumanalyse (Autorentext vs. Darstellung)
  *didaktische Analyse, Hervorhebung der Lernprozesse
- Funktion und Adressatenbezug der Geschichtsbuches
  1. es ist für Jugendliche ganz bestimmter Altersstufen zugeschrieben
  2. es ist nicht für die private Lektüre gemacht, sondern für den Unterricht
- Aus diesen Gründen ist die didaktische Reflexion Begleiter aller weiterer Aspekte, steht im Zentrum jeder Schulbuchanalyse
- Mehrere Kriterienkatalöge
  1. Bodo v. Borries 1980, Vergleichsuntersuchung zur röm. Rep.
  2. Ulrich Mayer/ Pandel 1976, Kategorien zur Beurteilung des GU, dieses sind übertragbar auf die Schulbuchanalyse
  * Bezogenheit der Geschichte auf die Situation der Rezipienten
  * Methoden der hist. Erkenntnis
  * Dimensionen der Zeit
  * Menschen als handelnde Subjekte
- Wichtige Hinweise liefern auch die Begriffe: Multiperspektivität, Problemorientierung, Schülerorientierung
- Bei der Analyse geht es immer auch um die Vorstellung vom richtigen Schulbuch oder von gutem Unterricht
- Dreiecksverhältnis der Beurteilung und Bewertung: Inhalt, Adressat, Vermittlungssituation
- Inhaltliche Ebene der historischen Darstellung und Interpretation
  1. welche inhaltlichen und thematischen SP setzt die Darstellung?
  2. wird Geschichte als Prozess dargestellt oder ist sie statisch?
  3. Berücksichtigt sie übergreifende Perspektiven, oder ist sie europazentrisch?
  4. werden Aspekte der Mehrdimensionalität beachtet?
  5. wird sich an Grundsätzen der Multiperspektivität orientiert?
  6. bleibt die Darstellung bei bloßen Tatsachenschilderungen stehen, oder werden Erklärungen angeboten?
  7. Wie verfährt die Darstellung in der Beurteilung geschichtlicher Veränderungen?
  8. werden Gegenwartsbezüge als Mittel der hist. Perspektivität verwendet?
  9. trägt die Darstellung dem Adressatenbezug Rechnung?
  10. enthält das Schulbuch eine erkennbare didakt. Strukturierung?
  11. führt die Darstellung in hist. Methoden als Verfahren des hist. Denkens ein?
  12. lässt die Darstellung die Reflexion methodologischer und wissenschaftstheoretischer Probleme erkennen?
  13. genügt die Darstellung notw. fachlichen Standards?
- Unterrichtsmethodische Konzeptionen
  1. Zeigt das Buch ein übersichtliches, klar strukturiertes Layout?
  2. erleichtern Orientierungshilfen das Zurechtfinden und damit das selbstständige Arbeiten?
  3. leistet der Autorentext die Integration fachwiss., fachmeth. und unterrichtsmeth. Ansprüche?
  4. Welche Rolle spielt das Textmaterial im Darstellungszusammenhang?
  * typografische oder vergleichbare Kennzeichnung, die Arbeitsmaterial von Autorentext und Quellentext abheben

* Berücksichtigung untersch. Quellengattungen
* altersgerechte Quellen
* Kennzeichnung von Kürzungen
* Berücksichtigung von Multiperspektivität
5. Welche Rolle spielt das Bildmaterial
* sind Bilder zur Interpretation geeignet?
* Stehen sie in Zusammenhang mit anderen Bestandteilen der Darstellung?
6. Was tragen Karten und Skizzen bei?
7. Enthält das Unterrichtswerk Statistiken und graph. Darstellungen?
8. Welche Rolle spielen Arbeitsaufträge
* Klarheit und Präzision
* Aufgaben, die die Möglichkeiten des Materials ausschöpfen
* Berücksichtigung unter. Anforderungen und Lernzielebenen
* Aufgaben zur Einübung meth. und pragmatischer Fähigkeiten
9. enthält das Buch einen funktionalen Apparat?
* Stichwortverzeichnis,
* Glossar
* Literaturverzeichnis
- Anforderungen an Autorentext
* adressatengerechte Sprache
* präzise Gliederung
* sprachliche Korrektheit
* ausgewogenes Verhältnis zw. Begrifflicher Schärfe und Anschaulichkeit
* Transparenz der Argumentation
- Analyse bedient sich sowohl deskriptiv-analytischer als auch quantifizierender
  Verfahren

Schulbucharbeit, Klaus Fröhlich

- Schulgeschichtsbuch ist das wichtigste und am häufigsten verwendete Hilfs- und
  Arbeitsmittel des GU
- Letzten Untersuchungen dazu aber in den 70er Jahren von Wolfgang Hug
- Geschichtsbuch rangiert weit vor anderen Medien des GU
- Geschichtsbücher repräsentieren sich mehr und mehr als multifunktional verwendbare
  Medienpakete
- Man kann bei der medialen Entmischung der im Buch repräsentierten Materialien
  kaum mehr von der Schulbucharbeit an sich sprechen

Schulbuch und GU

- Wirkung des Schulbuches beginnt lange vor der eigentlichen Stunde
- Buch definiert für Eltern, Schüler und Lehrer das Fach, tritt mit dem Anspruch auf,
  den Lehrplan eines Faches wiederzugeben
- Chronologische Anordnung macht es wahrscheinlich, dass das Schulbuch einen
  prägenden Einfluss auf den Verlauf des GU einnimmt
- Abweichungen vom Schulbuch bedeuten einen Mehraufwand für die Lehrkraft, zudem
  man sich nur bei großer Unzufriedenheit mit dem Schulbuch bewegen kann
- Schulbuch bietet eine Reihe von Vorteilen bei der Vorbereitung von Unterricht
  1. stets zur Hand
  2. erlaubt rasche und gegliederte Orientierung
  3. einzelnen Abschnitte lassen sich bequem einzelnen Stunden zuordnen

4. Reihenplanung ergibt sich schon beim Durchblättern
5. erspart Auswahl von Inhalten, ihre Anordnung und Reduktion
- Das Buch ist aber auch anregend für die Planung
1. Bildet den Ausgangspunkt der weiteren Vorbereitung
2. lädt zum Widerspruch ein
- Neue Lerninhalte gelangen am besten in den Unterricht, wenn sie im Schulbuch berücksichtigt werden
- Schulbuchrevision leide, so Borries, an dreifachem Mangel:
1. mangelhafter Modernisierung, fehlt an grundsätzlicher Überprüfung des Stoffkanons und Fragestellung im Hinblick auf absehbare Probleme des Lebens, Überlebens von Jugendlichen in unserer Zeit
2. mangelhafte Intensivierung der induzierten Lernprozesse, es fehlt systematische Unterstützung methodensicherer, selbstständiger Lernformen mit hoher Transfermöglichkeit in andere Lebensbereiche
3. mangelhafte Elementarisierung der Darstellung, es fehlen verständliche, altersgerechte Text- und Bildangebote auf einer optimalen mittleren Schwierigkeitsstufe

Schulbuchgestalt und Lerntypus
- Positiver Zusammenhang zwischen Schulbuchgestalt und Lernform
- Den verschiedenen Gestaltungstypen des Buches werden entsprechende Lernstrategien und Unterrichtskonzepte zugeordnet
- Leitfadenartige Lehr- und Lernbuch mit in sich geschlossenen Darstellungen, Merksätzen und Zusammenfassungen ist auf expositorische, ergebnisorientierte Strategien im eng geführten, darbietendem Unterricht mit hoher Lehrerdominanz zugeschnitten
- Dem entdeckendem, selbstbestimmten Lernen im schülerzentrierten Arbeitsunterricht entspricht dagegen das Arbeitsbuch mit einer Fülle an Arbeitsmaterialien, mit ausgewiesenen Fragestellungen, Arbeitsaufträgen und Querverweisen, die auf die Erkenntnisse von Zusammenhängen, Gewinnen von Einsichten, Problemlösen und Schüleraktivierung ausgerichtet sind
- Derzeit dominiert ein Kompromisstyp: kombinierte Lern- und Arbeitsbuch mischt Arbeitsmaterialien mit darbietenden Texten des Autors und bewahrt so die Sinneinheit der Geschichtsdarstellung
- Entwicklung des Schulbuches:
*17/18. Jhd. Frage-Antwort-Ketten, Katechesen (Klett-Reihe Grundwissen)
*später sinnhafte Einheit der Epochenfolge (Grundriss der Geschichte)
*heute bunte Medienpakete moderner Arbeitsbücher
- Bodo v. Borries unterscheidet vier Lerntypen, die sich verschiedenen Schulbuchtypen zuordnen lassen.
1. Repetitions- und Gedächtnislernen; alte Grundrisse
2. Identifikations- und Imitiationslernen; aufbauend auf älteren did. Konzepten, novellistischen und erlebnishaften Geschichtsdarstellungen
3. Entdeckungs- und Einsichtlernen; ist auf Arbeitsbücher mit differenziertem Material angewiesen
4. Balance- und Identitätslernen; subjektnah und auf Verhaltensorientierung in der Zeit abzielend, aber bisher kaum konkrete Vorstellungen

Methodenkonzeption der Schulbucharbeit

- Weder in der allg. Unterrichtsmethodik, noch in der geschichtsdidaktischen Lit. findet sich eine syst., theo. angeleitete Methodik der Schulbucharbeit
- Es können drei Grundformen geschichtsunterrichtlicher Schulbuchverwendung unterschieden werden, die unterschiedliche didaktische Funktionen haben
- 1. darbietende
  2. heuristisch-instrumentelle
  3. kritische Verwendungsweise

Darbietende Schulbuchverwendung

- am häufigsten zu beobachtende Verwendung
- unterrichtliche Darstellung von Geschichte im Sinne einer Präsentation des Lerngegenstandes
- Schulgeschichtsbuch kann sich auf zwei Weisen in den Unterricht einordnen:
  1. als Medium der Darbietung des Stoffes, der im anschließenden U-Gespräch durchdrungen und vertieft wird
  2. und als Medium der Festigung und Wiederholung
- In beiden Funktionen dient das Buch dazu, den Gegenstand in den Unterricht hineinzuholen
- Meisten der auf Darbietung und Wiederholung abzielenden Schulbuchverwendungen rechnen damit, dass das Buch, das nötige Grundwissen bereitstellt, auf dem der Unterricht aufbauen kann
- Wird ohne Rücksicht auf den Lernenden präsentiert
- Verlangt den Schülern überwiegend Gedächtnis- und Reproduktionsleistungen ab
- Darbietende Methode ebnet aber auch den Weg zu dem notwendigen Lernakt des Nacherzählens, den die S. vollziehen sollen, wenn Geschichtsunterricht seine Funktion im Sinne zu tradieren und Tradition zu bilden erfüllen will
- Schulbuch wird als Medium gesellschaftlich akzeptierter, für bewahrenswert gehaltener Traditionen angesprochen, das die Geschichte enthält, die die Gesellschaft wieder und wieder erzählt sehen will
- Das Buch muss den S. dabei als Lesenswert gegenüber treten, und als Medium bewusst gemacht werden, dass etwas Wissenswertes vermitteln will

Heuristisch-instrumentelle Schulbuchverwendungen

- Wendung zu schülerzentrierten, arbeitsintensiven Verfahren, die mehr auf entdeckendes Nachvollziehen historischer Vorgänge und das methodensichere Erarbeiten geschichtlicher Einsichten durch Analyse und Auswertung von Material unter def. Fragestellungen aus sind
- Unterrichtliche Verwendungsmöglichkeiten des Schulbuches haben sich unter diesen Bed. quantitativ und qualitativ gewandelt
- Es dient auch hier wesentlich der Darstellung von Geschichte, wird aber weniger darbietend verwendet als vielmehr absichtsvoll für verschiedene Unterrichtsphasen instrumentalisiert
- 1. Buch als Träger von Motivationsimpulsen
  Schüler entwickeln Fragen und Hypothesen, die im Unterricht weiter verfolgt werden
- 2. Buch als Sammlung von Arbeitsmaterialien
  S. entnehmen Informationen, die sie zu Erklärungen verbinden
- 3. Buch als Nachschlagewerk
  Inhaltsverzeichnis, Register liefern wichtige Detail- und Zusatzinformationen

- 4. Buch als Überblicksdarstellung
  im Unterricht behandelte Ereignisse werden in größere zeitliche Zusammenhänge eingeordnet
- 5. Buch als Materialsammlung und Medienkompendium
  versch. medialen Elemente werden zu variablen Erschließung des Themas genutzt oder können auch getrennt bearbeitet und verglichen werden
- 6. Buch als Aufgabensammlung
  Arbeitstechniken und meth. Verfahren werden eingeübt
- heuristisch-instrumentelle Verwendungsweise folgt den spezifischen unterrichtlichen Fragestellungen und nicht den did. Intentionen aus dem Schulbuch selbst
- Buch verliert Anspruch auf Leitmedium, wird zu einer Informationsquelle, neben anderen
- Heuristisch-instrumentelle Verwendungen bedürfen problemorientierter Verfahren

Kritische Schulbuchverwendung

- Bisherigen Verwendungsweisen war gemeinsam, dass sie das Buch und seine Elemente als Repräsentanten der Geschichte in den U. einbringen, ohne deren spezifischen Mediencharakter besonders zu reflektieren und didaktisch zu nutzen
- Das Buch kann dabei auch kritisch hinterfragt werden, es muss nicht nur als zuverlässiger Informationslieferant oder als Hilfs- und Arbeitsmittel eingesetzt werden
- Kritische Schulbuchverwendung meint Verfahren der Schulbuchanalyse, der Reflexion und der produktiven, medialen Transformation im Unterricht
- Schulbücher treten als auktorialer Erzähler auf, Schüler müssen lernen sich dieser Überwältigung zu entziehen und kritisch zu analysieren
- Kritische Schulbuchverwendungen stehen nicht für sich, sie enthalten immer Elemente der darbietenden und der heuristischen Verfahren, sie nehmen das Buch ernst und setzen es einer Interaktion mit dem Unterricht aus, die es verändert und dabei den Lernprozess in Gang hält
-

12

Das Schulbuch, Klaus Fröhlich

- Schulgeschichtsbuch ist der Geschichtsunterricht als überspitztes Fazit
- Geschichtsbuch entscheidet darüber, was im Unterricht passiert und was unterbleibt
- Schulgeschichtsbuch ist auch eine „geschichtliche Macht"
- Unterrichtsmedien als Träger von Kognitionen können nicht ziel- und inhaltsneutral gedacht werden
- Aber: Das Medium tut dem Inhalt etwas an. Daher bedarf der Einsatz der didaktischen Reflexion, wobei sich die Reflexion ebenso sehr auf die Eigengesetzlichkeiten des Mediums wie auf den Inhalt richten muss.
- Ökonomischen, administrativen und politisch-gesellschaftlichen Determinanten der Schulbuchproduktion bestimmen mit über die Gestaltung des Buches.
- Der Lerner muss etwas wissen über das Medium, andernfalls bleibt er ohnmächtig dessen Eigengesetzlichkeiten und seinen eigenen Rezeptionsgewohnheiten ausgeliefert
- Lehrer muss bedenken, was er dem Bewusstsein seiner Schüler antut, wenn er sie mit diesem oder jenem Medium konfrontiert.

Empirische Befunde

- Schulgeschichtsbuch ist das wichtigste und am häufigsten verwendete Hilfs- und Arbeitsmittel im GU.
- 80% der Lehrer gaben an, mit dem Buch häufig zu arbeiten (Wolfgang Hug 1980). Schulbuch rangiert damit weit vor anderen Medien
- Arbeit mit dem Buch nimmt mehr als ein Viertel der Unterrichtszeit ein.
- Benutzungsintensität korreliert mit der fachwissenschaftlichen Vorbildung des Lehrers
- Aber: Die Erhebungen stammen überwiegend aus den frühen 70ern, in denen sich der Unterricht weitgehend an Lehrwerken orientierte.
- Es liegen keine Untersuchungen vor, die sich mit der Verwendung des modernen Arbeitsbuches befassen.
- Diese neuen Bücher treten mehr und mehr als multifunktional verwendbare Medienpakete auf, daher sollte eher mit einer Zunahme der Benutzungshäufigkeit gerechnet werden.
- Bei der Einschätzung der Brauchbarkeit von Büchern folgen die Lehrer in der Regel keinen fachspezifischen oder fachdidaktischen Kriterien.
- Kriterien sind aber: optimale Wissensvermittlung (was immer das bedeutet), sprachliches Niveau, äußere Ausstattung sind Gesichtspunkte, die auch von Eltern und Schülern genannt werden.
- Für Lehrer spielen ferner die richtlinienkongruente Portionierung des Stoffes, die bequeme unterrichtliche Verwendung, aber auch die Modernität und Aktualität des im Schulbuch akkumulierten Schulwissens eine Rolle
- Schüler dagegen halten Schulbücher oft für wenig brauchbar, 75% (1976 Anwander)
- Wirkung des Schulbuches beginnt lange vor der eigentlichen Stunde, indem es mit dem Anspruch auftritt, den Lehrplan eines Faches an einer bestimmten Schulart nach seinen Zielen und Inhalten zu erfüllen.
- Neue Lerninhalte scheinen am ehesten eine Chance zur Verbreitung im GU zu haben, wenn sie im Schulbuch vorgesehen sind.
- Schulbuch bietet eine Reihe von Vorteilen bei der Vorbereitung von Unterricht
  * stets zur Hand
  * rasche und wohlgegliederte Orientierung
  * Einzelne Abschnitte im Umfang von 2-3 Seiten lassen sich bequem einzelnen

Stunden zuteilen
* Reihenplanung ergibt sich von alleine
* auch die chronologische Reihenfolge der Themen wird angeregt
* erspart das schwierige Geschäft der Auswahl von Inhalten
* Materialangebot und Arbeitsaufgaben können auch Detailplanungen einer Stunde abnehmen

- Etwa 75% der Lehrer bedienen sich nach Hug (1980) beider Unterrichtsvorbereitung des Schulbuches, für 68% der Lehrer an HS stellt das Schulbuch das Vorbereitungsmittel schlecht hin dar.
- Doch gerade weil das Schulbuch ein hochstrukturiertes didaktisches Medium ist, lädt es immer wieder auch zum Widerspruch ein und kann den Lehrer veranlassen, seinen Unterricht geradezu gegen den Strich des Schulbuches zu gestalten
- Vor der Frage, auf welche Weise das Schulbuch im GU verwendet wird, versagt die Statistik
- Fragt man Fachleiter danach, welchen Gebrauch Referendare unter ihrer Anleitung vom Geschichtsbuch machen, bleibt es meist bei Hinweisen auf die Hausaufgaben.
- Schulbucharbeit, so kann man schließen, ist keine vorzeigbare Arbeitsform im GU.
- Die bei weitem am häufigsten zu beobachtenden Verwendungsweisen beziehen sich auf die unterrichtliche Darstellung von Geschichte im Sinne der Präsentation des Lerngegenstands.
- Nach Hug zweierlei Verwendungsweisen:
  1. als Medium der Darbietung des Stoffes, der im anschließenden Unterrichtsgespräch durchdrungen und vertieft wird
  2. als Medium der Festigung und Wiederholung, die meist in häuslicher Arbeit zu leisten sind und zu Beginn der folgenden Stunde überprüft werden.
- In beiden Funktionen dient das Buch dazu, den Unterrichtsgegenstand in den Unterricht hinein zu holen
- Mit der Wendung zu schülerzentrierten, arbeitsintensiven Verfahren, die mehr auf entdeckendes Nachvollziehen historischer Vorgänge und das methodensichere Erarbeiten geschichtlicher Einsichten durch Analyse und Auswertung von Material unter definierten Fragestellungen aus sind, haben sich die unterrichtlichen Verwendungsmöglichkeiten des Schulbuches quantitativ und qualitativ verändert.
- Schulbucharbeit kann in jeder Phase sinnvoll eingebaut werden: Problemstellung-Erarbeitung-Integration
- Auch hier dient das Buch wesentlich der unterrichtlichen Darbietung von Geschichte, wird aber weniger darbietend als vielmehr heuristisch in unterschiedlichen Funktionen verwendet.
  1. Buch als Sammlung von Arbeitsmaterialien
  2. Buch als Träger von Motivationsimpulsen
  3. Buch als Nachschlagewerk
  4. Buch als Überblicksdarstellung
  5. Buch als Medienkompendium
  6. Buch als Aufgabensammlung
- Heuristischen Verwendungsweisen folgen den unterrichtlichen Fragestellungen, die darbietenden Verwendungsweisen ziehen ihre didaktischen Intentionen dagegen aus dem Schulbuch selbst
- In heuristischer Verwendung verliert das Buch oft seinen Status als Leitmedium des GU und wird zu einer Informationsquelle neben anderen.
- Dritte Form der Verwendung ist die kritische Schulbuchverwendung
  * damit sind gemeint: Verfahren der Schulbuchanalyse, der Schulbuchreflexion und der produktiven Transformation im Unterricht.

* dazu gehören Untersuchengen, die danach frage, wie ein bestimmter Sachverhalt im Buch dargestellt ist, welche Funktion diese Darstellung für das Lernen haben soll und mit welchen gestalterischen Mitteln die Absicht erreicht wird, welche Instanzen und Interessen auf diese Schulbuchdarstellung Einfluss nehmen und worin dies zum Ausdruck kommt

- Kritische Schulbuchverwendungen stehen nicht für sich, sie enthalten immer Elemente der darbietenden oder heuristischen Verfahren.
- Kritische Schulbuchverwendungen nehmen das Schulbuch ernst und setzen es einer unterrichtlichen Interaktion aus, die es verändert und so den Lernprozess in Gang hält.
- Als kritisch können diese Verwendungsweisen bezeichnet werden, weil sie aufklären über die Zwänge, denen das historische Lernen im blinden Mediengebrauch unterworfen ist, und weil sie die Lernsubjekte für den Prozess ihrer Bewusstseinsbildung auf den Gebrauch des eigenen Verstandes verweisen.

Schulbuchgestalt und Schulbuchverwendung

- Den verschiedenen Gestaltungstype des Buches werden entsprechende Lernstrategien und Unterrichtskonzepte zugeordnet
- So soll das Lehr- und Lernbuch mit seinen geschlossenen Geschichtsdarstellungen, Merksätzen und Zusammenfassungen, die allenfalls von einigen wenigen Bild- und Quellenillustrationen begleitet werden, auf rezeptive, ergebnisorientierte Strategien im eng geführten darbietenden Unterrichtsverfahren mit hoher Lehrerdominanz verweisen.
- Das Arbeitsbuch entspricht dem entdeckenden, weitestgehend selbstbestimmten Lernen im schülerzentrierten Arbeitsunterricht, das eine Fülle von Arbeitsmaterialien mit ausgewiesenen Fragestellungen, Arbeitsaufträgen und Querverweisen, die die auf Erkenntnis von Zusammenhängen, Gewinnen von Einsichten, Problemlösen gerichteten Schüleraktivitäten stimulieren sollen.
- Das kombinierte Lern- und Arbeitsbuch, der derzeit am Markt dominierende Typ, mischt Arbeitsmaterialien mit darbietenden Texten der Autoren und bewahrt so die Sinneinheit der Geschichtsdarstellung. Ihm korrespondiert der gemäßigte Arbeitsunterricht, in dem heuristisch angelegte Erarbeitungsphasen mit darbietenden Orientierungsphasen wechseln
- Als Indikator der Zuordnung zu dem einen oder anderen Gestaltungstypus gelten etwa die Raumrelation zwischen darstellenden (Autoren-) Texten und Quellenanteilen sowie die Frequenz von illustrativen bzw. heuristischen Materialpräsentationen (Quellen, Bilder, Karten, Grafiken). Hermeneutische und deskriptiv-analytische Verfahren der Inhaltsanalyse, in die auch die Arbeitsanweisungen einbezogen werden, sichern die Zuordnung ab.
- Historische Perspektive zeigt eine Entwicklung der Schulbuchgestaltung weg vom Lernbuch, hin zum Arbeitsbuch.
- Bodo von Borries unterscheidet vier Lerntypen, denen er verschiedene Schulbuchtypen zuordnet.
1. dem Repetitions- und Gedächtnislernen entsprechen die alten Aufrisse und Grundrisse der Geschichte
2. dem Identifikations- und Imitationslernen entsprechen die, auf älteren didaktischen Konzeptionen beruhenden, novellistischen, erlebnishaften Geschichtsdarstellungen (z. B. Reise in die Vergangenheit
3. dem Entdeckungs- und Einsichtlernen entsprechen die Arbeitsbücher mit differenziertem Materialangebot (Fragen an die Geschichte)
4. Dem Balance- und Identitätslernen, welches subjektnahe, auf

Verhaltensorientierung in der Zeit abzielende Ziele hat, ebenso die Arbeitsbücher. Für diesen Typ gibt es aber allenfalls programmatische Buchtitel (Geschichte für morgen) aber noch kein wirklich ausgereiftes Unterrichtsmedium
- Die Entwicklung vom Lern- zum Arbeitsbuch kann lernpsychologisch als Fortschritt gedeutet werden
- Auf die Entwicklung der Schulbuchkonstruktion wirken auch außerfachliche Determinatoren ein: Erlasse und Richtlinien der Kultusbehörden, undurchsichtige Schulbuchgenehmigungspraxis, ökonomische Interessen und politisch-klimatische Veränderungen
- Konzept des historischen Arbeitsbuches ist aber auch in Bedrängnis gekommen durch den Vorwurf der Orientierungslosigkeit der Jugend
- Als geschichtsdidaktisches Medium muss sich das Buch die Frage gefallen lassen, ob und in wie weit es in der Lage ist, historisches Lernen in Gang zu setzen und in Gang zu halten
- Das Konzept des historischen Arbeitsbuches kommt der geschichtsdidaktischen Intention in drei Punkten entgegen:
  1. Schüler müssen lernen, Geschichten mit Geltungsanspruch zu rezipieren, sie sich produktiv anzueignen
  2. müssen lernen Geschichte zu kritisieren, indem sie selbst, die Zeugnisse der Vergangenheit befragend, narrativ rekonstruieren,
  3. sie müssen lernen, diese Geschichten zu transformieren, sie neu zu gestalten
- Darbietung historischen Wissens
  * Unterrichtswerke der neuen Generation trennen zwischen darstellenden Autorentexten und historischen Quellen, auch äußerlich erkennbar,
  * Geschlossenheit monologischer Geschichtsdarstellung soll so durchbrochen werden
  * öffnen sich den Verfahren der narrativen Rekonstruktion, wenn auch nicht immer vom heuristischen Einsatz der Quellen, Bilder und Grafiken gesprochen werden kann.
  * sehr unterschiedlich ist die Raumrelation zwischen Autorentext und historischem Material.
  * in der äußeren Präsentation geben sich die Bücher wesentlich bunter in der Aufmachung, lockerer im Text und auch adressatennäher als die älteren darbietenden Unterrichtswerke
  * Arbeitsaufträge sprechen die Schüler direkt an und verlangen von ihnen Aktivitäten Diese Arbeitsaufträge lassen sich zudem in W-Fragen (Ebene des Wissens und der Kenntnis) , als auch in die Ebene der Auswertung des Wissen unterteilen
  * Während diese beiden Bereiche der Arbeitsaufträge etwa gleich stark vertreten sind, kommen Wertungsfragen nur sehr wenig dran.
  *
- Hinsichtlich der Deutung von Geschichte sind auch die neuen Unterrichtswerke nicht offener geworden als die alten Lehrbücher.
- Es zeigt sich, dass die neuen Unterrichtswerke das geschichtsdidaktische Paradigma noch nicht gewechselt haben. Sie stimulieren zwar auf vielfältige Weise die Aktivitäten der Schüler, setzen sich mit ihrem multifunktionalen Materialangebot aber letztlich nur an die Stelle des guten alten Geschichtslehrers, der die Geschichte erzählt, wie sie gewesen sein soll, und der die Schüler das wiedergeben ließ, was die Bücher jetzt mit ihren Arbeitsfragen abrufen.
- Lehrerhandbücher zu den einzelnen Heften sind von Vorteil für Unterrichtsvorbereitung
- Definitheit (Horst Rumpf): Das Wissen in den Schulbüchern ist statisch, scheinbar unveränderbar, Subjektivität wird aus dem Lernprozess verbannt
- In keinem Buch geben sich die Autoren als Subjekte zu erkennen,

- Schulbuch ist ein Angebot, den Unterricht damit variabel zu gestalten. Es bildet ihn nicht Schritt für Schritt ab.
- Ob eine Quelle im Schulbuch heuristisch oder illustrativ verwendet wird entscheidet sich nicht bei der Schulbuchkonstruktion, sondern im Unterricht
- Es ist der unterrichtliche Umgang mit dem Medium, der über die didaktische Qualität des historischen Lernens mit dem Buch entscheidet.

Medien des historischen Lehrens und Lernens
- Geschichtsbuch ist das meist-verwendete Lehr- und Lernmittel des Geschichtsunterrichts, es hat auch den Ruf eines heimlichen Lehrplans
- Prophezeiung vom Zurücktreten des Buches im Zeitalter der visuellen Medien hat sich nicht bewahrheitet
- Die meisten Lehrer schätzen das Schulbuch als eine bewährte Stütze der Unterrichtsgestaltung und sind gern bereit, sich seinen Vorgaben anzuvertrauen
- Schulbuch wurde zum Politikum, oder seine politische Bedeutung wurde erkannt.
- Es gibt/ gab ein konkurrenzbestimmtes Neben- und Gegeneinander dreier Richtungen:
  1. traditionell-konventionelle
  2. gemäßigt-reformerische
  3. entschieden-innovatorische
- Heute präsentiert sich das Schulbuch als Medienverbund, es gibt darstellende Partien, Textquellen, Auszüge aus der Sek.-Lit., Statistiken, Bilder, Diagramme, Arbeitsaufgaben, Literaturempfehlungen
- Unterschiedliche Typen: Lehrbuch, kombiniertes Lehr- und Arbeitsbuch, reines Arbeitsbuch, und selten auch noch das Lesebuch
- Das Lehrbuch war bis in die 60er Jahre das absolut dominierende Geschichtsbuch, es enthält nur solche Tatsachen und Interpretationen, die in das gewählte Konzept passen, und setzt sich nicht der Relativierung und Kritik durch gegenläufige Quellen oder wiss. Lehrmeinungen aus. In moderneren Lehrbüchern werden die hist. Sachverhalte jeweils von mehreren Seiten beleuchtet
- Angst des Didaktikers vor Werturteilen in den Büchern. Doch Wertungen verbergen sich auch in der Auswahl und Akzentuierung der Buchinhalte, in der Wortwahl, in der Berücksichtigung dieser und der Außerachtlassung jener Quellen, in der Tendenz der Arbeitsaufträge. Historisches lässt sich nicht wertfrei darstellen.
- Doch Schulbuchautoren dürfen die Wertbestimmtheit des Buches nicht verschleiern, sondern müssen den Schülern Hilfen an die Hand geben, damit diese Werturteile als solche erkennen und sich mit ihnen kritisch-argumentativ auseinander setzen können
- Das reine Arbeitsbuch enthält ausschließlich Materialien- und Arbeitsimpulse
- Moderne Bücher kombinieren beide Formen zu einem Lehr- und Arbeitsbuch, sein Charakteristikum ist die Zweiteilung in einen Darstellungs- und einen Materialienteil, der aber auch nebeneinander auftreten kann
- Darstellungen und Materialien sollen sich wechselseitig ergänzen und erhellen, dies aber nicht im Sinne einer Bestätigung und Verstärkung, sondern durchaus in der Absicht gegenseitiger Relativierung und Kritik
- Geschichtslesebuch ist heute, wenn es überhaupt noch verwendet wird, das Quellenlesebuch. Sie sollen dem Schüler auch Appetit machen auf weitere historische Lektüre

Schulbuchanalyse

- In den letzten 20 Jahren hat diese an Intensität gewonnen, es gibt ausgedehnte Rezensionswesen, es existiert ein beträchtlicher Aufwand der Schulbehörden bei der Schulbuchzulassungsverfahren (Alter Stand aus 1985)
- Von einer monographischen Schulbuchuntersuchung erwartet man vor allem eine saubere Bestandsaufnahme, methodische Bewusstheit, eine systematische Fragestellung, zusammenfassende Würdigung. Solche Monographien haben ihren Schwerpunkt gewöhnlich in einer fachlichen, einer politischen, einer historischen, oder didaktischen Problemstellung.
- Schulbücher sind auch ein Spiegel für die politische und historische Kultur einer Zeit.
- Bei der Abfassung eines Schulbuches will eine Mehrzahl von Gesichtspunkten beachtet sein, die miteinander nicht immer aufs beste harmonieren. Fachwissenschaft verlangt Vollständigkeit und Exaktheit, die Ökonomie des Lernens Kürze und Vereinfachung, der Themenkatalog der verbindlichen Richtlinien entspricht nur selten dem, was die Fachhistoriker für unabdingbar halten, dem Autor schwebt ein umfangreiches, glänzend ausgestattetes Buch vor, der Verleger darf einen bestimmten Preis nicht überschreiten.
- Bodo v. Borries legte 1980 erstmals eine Kriterienkatalog vor. Er unterscheidet drei Ebene der Schulbuchanalyse. Stellenwert des Erkenntnisstandes, Organisation der Lernprozesse, Gestaltung des Unterrichtsmaterials
- Schülerbezug: Knüpft das Buch an Vorkenntnisse an, werden Wünsche und Hoffnungen, Ängste und Sorgen der Schüler berücksichtigt? Werden die primären Lebenserfahrungen der Schüler genutzt?
- Es ist schwierig, allg. Unterrichtsprinzipien nicht auf das Schulbuch zu übertragen. Denn damit wird das Medium überfordert. Es ist ein Unterrichtsmittel neben anderen und nicht dazu bestimmt, den gesamten Unterricht zu strukturieren.
- Zu den typischen Sprachsünden der Schulbuchverfasser, die v. Borries nennt,
  * unstatthafte Personalisierung (Friedrich II gewann die Schlacht bei Leuthen)
  * gedankenloser Gebrauch von Kollektivbezeichnungen (Die Spanier beuteten die Indianer aus)
  * figurative Sprachformen (Nur Zwang bindet die Völker an Napoleons Fahnen)
  * appellative Wendungen (Im Volke fühlt sich jeder auch für das verantwortlich, was die anderen tun)
  * stereotype Pauschalisierung (fröhliche, gutmütige, sorglose Eingeborene)
- Wem es um ein handliches Untersuchungsschemata geht, der fährt gut damit, drei Ebenen zu betrachten:
  1. Ebene der Inhalte
  2. Ebene der Urteile
  3. Ebene der Vermittlung

Zur Sprache des Geschichtsbuches

- wissenschaftliche Abhandlungen kommen als Muster nicht in Frage
- kombinierte Lehr- und Arbeitsbuch stellt orientierende und problematisierende Abschnitte nebeneinander

- Nach den geltenden Bestimmungen darf kein Schulbuch in den Schulen eingeführt werden, das die Ministerien nicht genehmigt haben

- Die Qualität der Gutachten ist abhängig von:
  1. personelle Zusammensetzung
  2. Begutachtungskriterien
  3. Kompetenz der Gutachter
- Zum Minimum gehört die Überprüfung der Verfassungsmäßigkeit, der sachlichen Korrektheit und der Vereinbarung mit den geltenden Lehrplänen
- Das Schulbücher mit den geltenden Lehrplänen vereinbar sein müssen, steht außer Zweifel, vereinbar heißt aber nicht deckungsgleich

Geschichtslehrbücher

- fast jeder hat ein anderes Bild vom ideale Geschichtsbuch
- Es bleibt das Geheimnis der Lehrbuchverfasser, wie die verschiedensten Wünsche, Erwartungen und Forderungen berücksichtigt werden.
- Das Geschichtslehrbuch gibt es nicht, sondern nur die Geschichtslehrbücher für die verschiedenen Kurse
- Vom ausführlichen Geschichtslehrbuch, das auch Lern- und Wiederholungsbuch sein muss, unterscheidet sich das Geschichtslesebuch, mit seinen vielen geschichtlichen Erzählungen, Anekdoten und interessanten Biographien schon durch den Verzicht auf den geschichtlichen Zusammenhang
- Was im Unterricht geboten wird, muss dem Stand der wissenschaftlichen Forschung entsprechen
- Mut zur Lücke und Inselbildung dürfen die Verfasser eines Buches nicht dazu verleiten, über der Darstellung einzelner Ereignisse und Gestalten den Zusammenhang der Geschichte als ein strukturiertes Ganzes außer Acht zu lassen.

Schulbuch, Ursula Becher:

Was ist ein Schulbuch
- Schulbuch ist ein Unterrichtsmittel für hist. Lernen
- Es hat die Funktion eines Leitmediums
- Vorzug des Schulbuches liegt in seinem dichten Informationswert
- In der Vielseitigkeit der Verwendung – Information, Erarbeitung, Überprüfung – liegt die Stärke des Schulbuches
- Stärke des Schulbuches ist auch seine Schwäche, denn der Lehrer ist nicht mehr genötigt didaktische Entscheidungen selbst zu treffen, er kann sich auf das Buch verlassen
- Geschichtsbücher werden von den Kultusministerien der Länder für den Gebrauch im Unterricht zugelassen, wichtigste Kriterium der Zulassung ist die Übereinstimmung des jeweiligen Schulbuches mit den geltenden Richtlinien und den Prinzipien des Grundgesetzes
- Neue Fragestellungen in der Geschichtswissenschaft wie Alltagsgeschichte, historische Anthropologie, Geschlechtergeschichte werden auch aufgegriffen
- Durch den Umgang mit gegenwärtigen Schulbüchern sollen Schüler elementare methodische Fähigkeiten erwerben, um einfache historische Quellen erschließen zu können
- Schüler, die lernen Zeugnisse der Vergangenheit kritisch zu befragen und durch Vergleich und Auseinandersetzung zu begründeten historischen Urteilen zu kommen, werden für die Indoktrinationen weniger empfänglich sein
- Ökonomische Zwänge, die Politik der Verlage, die öffentliche Meinung sind Faktoren, die nicht ohne Einfluss auf die Gestaltung der Schulbücher sind

Geschichte und Typologie
- In früheren Epochen beschränken sich Schulbücher auf den Text, heute werden Lern- und Arbeitsbücher benutzt
- Lehrbücher: Solche Bücher dienen der Vorbereitung des Unterrichts oder von Prüfungen oder der nachträglichen Einprägung eines Lernstoffes. Mit Arbeitsbüchern lässt sich so nicht verfahren
- Historisches Wissen wurde früher in katechetischer Weise vermittelt
- Im 20. Jhd. sind unter dem Einfluss der Reformpädagogen neue Anforderungen an Schule und Unterricht gestellt worden. Sie zielen auf zwei Aspekte:
  1. anschauliche Geschichtserzählungen
  2. als Arbeitsunterricht konzipierter GU
- Der von der Reformpädagogik propagierte Arbeitsunterricht wurde allein auf die Gymnasien übertragen, nur Schülern dieser Schulform traute man zu, Quellen zu lesen und auszuwerten
- Die Erkenntnis, dass auch jüngere Schüler im Unterricht mit historischen Quellen vertraut gemacht werden konnten und zu historischem Denken fähig waren, setzte sich erst allmählich durch
- Der Prototyp des neune Arbeits-und Lesebuches war das Unterrichtswerk „Menschen in ihrer Zeit" (Klett), 1966

- Schulbücher mussten so gestaltet sein, dass sie Schülern eine denkende Auseinandersetzung mit vergangenen menschlichen Erfahrungen ermöglichten, aus der sie eigene Schlussfolgerungen ziehen konnten
- Diese Bücher enthielten eine Fülle von Materialien
- „Menschen in ihrer Zeit" hat auf alle nachfolgenden Unterrichtswerke als Modell gewirkt
- Auch der Autorentext nimmt neben den Materialien einen großen Raum ein. Dies ist im Grunde auch heute noch ein Problem
- Heinz-Dieter Schmid verfasste das Arbeitsbuch „Fragen an die Geschichte", das ganz auf den Autorentext verzichtet und den Materialien lediglich Fragen und gelegentliche Anmerkungen beifügt
- Dem Wandel in der didaktischen Struktur entspricht auch ein Wandel der Inhalte, sie öffnen sich mehr und mehr den wirtschaftlichen und gesellschaftlichen Bereichen der historischen Forschung
- Von den Geschichtsbüchern der Mittelstufe gingen Ende der 80er Jahre die didaktischen Innovationen aus. Es entstanden Bücher, wie das IGEL-Buch, oder Geschichte und Gemeinschaftskunde
- Obgleich die einzelnen Schulbücher Besonderheiten aufweisen, ist das grundlegende Schema einheitlich. Fast alle beginnen jedes Kapitel mit einer Auftaktseite. Es folgt ein Darstellungsteil und oftmals eine umfangreiche Materialsammlung
- Während sich der Autorentext in vielen Büchern sprachlich zu wenig auf die Verständnisfähigkeit der Schüler dieses Alters einstellt, gibt es im Materialteil viele anregende Hilfen für die Auswertung der sehr unterschiedlichen Teile
- Der Entwicklung der methodischen Fähigkeiten der Schüler wird großer Raum eingeräumt
- Handlungsorientierung als Methode wird hist. Lernen in dem Maße vertiefen, in dem sie die Schüler Geschichte als einen Prozess des Suchens, Entdeckens und Forschens erfahren lässt und sie selbsttätig an dieser Arbeit beteiligt. Handeln heißt hier auch hist. Ereignisse nachspielen, Museen und Stätten besuchen, alte Werkzeuge nachbauen
- Der höhere intellektuelle Anspruch, den man an die Schüler der Oberstufe stellen kann, zeigt sich darin, dass didaktische Überlegungen zurücktreten (Geschichtsbuch Oberstufe)

Lesarten

- Über die Verwendung der Schulbücher im Unterricht ist wenig bekannt
- Vieles bezieht sich auf Wolfgang Hug:
  je nach Methode und Aufgabe dient es als Sammlung von Arbeitsmaterialien, als informierende Überblicksdarstellung, als Träger von Motivationsimpulsen, als didaktisches Kompendium unterschiedlicher Medien historischer Überlieferung und Darstellung, als Nachschlagewerk, Ergänzungsmedium zum Unterricht und als Aufgabensammlung (Hug 1983)
- Bodo v. Borries hat Schulbücher unter dem Gesichtspunkt Gedächtnislernen, Imitationslernen, Einsichtlernen, Balance-Lernen untersucht
- Lernbuch: gedrängter Text, mit drucktechnisch hervorgehobenen Namen und Jahreszahlen, liest man, um sich einen Stoff einzuprägen
- Lektüre einer Geschichtserzählung unterscheidet sich kaum von der fiktionalen Abenteuerbüchern
- Der Autorentext läuft Gefahr, sich einer Sprache zu bemächtigen, die die Leser suggestiv überwältigt

- Ein Wechsel der Arbeitsrichtung zwischen Lektüre der Darstellungen und Interpretation der Quellen ist empfehlenswert beim Lern- und Arbeitsbuch
- Konzeption von beiden mindert das didaktische Problem was mit dem Autorentext verbunden ist. Schüler erhalten so die Chance mit dem Darstellungstext kritisch-fragend umzugehen. Die Gefahr besteht, dass den Schülern, entgegen aller didaktischer Absicht, der Text als historische Wahrheit gilt
- Die vielfältigen Materialien zu lesen, bedeutet unterschiedliche Methoden anzuwenden
- Historisches Arbeiten verlangt die Klärung unbekannter Wörter, hier ist ein Glossar oder Stichwortverzeichnis sinnvoll. Auch dies ist eine wichtige Erkenntnis für Schüler
- Auch das Lesen von Karten oder der Selektionscharakter von Zeitleisten muss besprochen werden
- Arbeitsaufgaben sind nur in guten Schulbüchern differenziert und anspruchsvoll
- Schriftliche Quellen nehmen in den meisten Geschichtsbüchern einen großen Raum ein, da historische Überlieferungen in schriftlicher Form von großer Wichtigkeit sind
- Eine genaue Quellenlektüre stellt Anforderungen an den Leser. Sie müssen verschieden Sprachebenen unterscheiden und eine Sprache verstehen, die sich vom heutigen Sprachgebrauch unterscheidet
- Historische Erkenntnis gewinnt man nicht indem man einem Autor glaubt und seine Perspektive einnimmt. Quellen müssen kritisch gelesen werden
- Bildliche Quellen werde viel zu selten als Grundlage des GU gewählt
- Im Unterschied zu früheren Epochen enthalten Schulbücher heute eine Fülle von Bildmaterialien

Schulbuch als Gegenstand historischen Lernens und Forschens
- Schulbücher enthalten Texte und Materialien, mit denen gelernt werden kann. Das Schulbuch sollte aber auch selbst Gegenstand des Lernens sein
- Was das Schulbuch den Lesern vermittelt entspricht den jüngsten Ergebnissen der Forschung und den in der jeweiligen Gesellschaft entwickelten Vorstellungen von dem, was von Jugendlichen, die in diese Gesellschaft hineinwachsen, gelernt werden sollte
- Schulbücher sind auch Gegenstand der Forschung und werden unter vielfältigen Gesichtspunkten untersucht

Literaturverzeichnis

- Rüsen, Jürgen: Historisches Lernen – Grundlagen und Paradigmen. Köln/ Weimar/ Wien 1994.
- Scholle, Dietrich: In: Bergmann, Klaus (Hrsg.). Handbuch der Geschichtsdidaktik. 5. überarb. Aufl.. Seelze - Velber 1997.
- Fröhlich, Klaus: In: Bergmann, Klaus (Hrsg.). Handbuch der Geschichtsdidaktik. 5. überarb. Aufl.. Seelze - Velber 1997.
- Hinrichs, Ernst: In: Fritzsche, K. Peter (Hrsg.): Schulbücher auf dem Prüfstand – Perspektiven der Schulbuchforschung und Schulbuchbeurteilung in Europa. Frankfurt / Main 1992.
- Becher, Ursula A. J.: In: Pandel, H.-J., Schneider, G.: Handbuch Medien im Geschichtsunterricht. Schwalbach/ Ts. 1999.

BEI GRIN MACHT SICH IHR WISSEN BEZAHLT

- Wir veröffentlichen Ihre Hausarbeit,
  Bachelor- und Masterarbeit

- Ihr eigenes eBook und Buch -
  weltweit in allen wichtigen Shops

- Verdienen Sie an jedem Verkauf

Jetzt bei www.GRIN.com hochladen und kostenlos publizieren